JN211928

数字のトリックを見ぬけ

はじめての

データリテラシー

3 私の読書時間、みんなの中では長い？ 短い？ ほか

前田健太（慶應義塾横浜初等部教諭）／監修

汐文社

「代表値」を知れば、データがわかる！

「これはこういうデータです」と、データ全体の特徴を表すことができるのが「代表値」。平均値に中央値、最頻値……と、代表値はいくつかあるけれど、それぞれにはどんな特徴があるのか、そしてどんなときにどの代表値を使えばいいのか、学んでみよう！

平均値って、「ふつう」ってことだよね？

一人だけ、読書時間が極端に多い人がいたら……？

データの「まんなか」を知るには、中央値がいいんだね。

6年1組・1日の読書時間（分）

出席番号	1日の読書時間	出席番号	1日の読書時間
1	13	11	22
2	30	12	12
3	10	13	25
4	5	14	16
5	0	15	0
6	18	16	28
7	14	17	40
8	15	18	15
9	0	19	10
10	20	20	12

平均値 **15.3**(分)

一番たくさん出てくる数値である「最頻値」も代表値の一つ！

どの代表値が、このデータにはふさわしいんだろう？

3

はじめに

「私は平均的な小学生です」

この言葉を目にして、どんなイメージをもちましたか？ 「平均的ってことは、『ふつう』の小学生ってことかな？」「勉強やスポーツとかが、そこそこできるってこと？」などと考えたのではないでしょうか。

しかしそれは、「平均」の本当の意味ではありません。本来、「平均(値)」というのは、たくさんあるデータを平らにならしたときの数値です。つまり、「ふつう」「そこそこ」を表す意味で用いられるものではなく、「データ全体の特徴を表す値」の一つとして用いられるもので、それを「代表値」といいます。

しかも代表値は、平均値だけではありません。ほかにも中央値や最頻値があり、どの代表値がどんなデータや場面で用いられているかで、データのとらえ方が変わってしまうことがあります。

この3巻では、平均値をはじめとした代表値を通して、「たくさんのデータをどのようにまとめるか」「データの傾向はどのようにわかるか」といった点を学んでいきましょう。

代表値を学べば、データをうまく使えるようになるぞ！

もくじ

「平均値」の意味、知ってる!?

出席番号	1日の読書時間	出席番号	1日の読書時間
1	13	11	22
2	30	12	12
3	10	13	25
4	5	14	16
5	0	15	0
6	18	16	28
7	14	17	40
8	15	18	15
9	0	19	10
10	20	20	12

Q 「平均値」って、「ふつう」「まんなか」を表している値なの？

6年1組の20人を対象に1日の読書時間を調査したところ、平均値は15.3分だった。
この「平均値」とは、いったい何を表しているのだろう？

1日の読書時間（分）

出席番号	1日の読書時間	出席番号	1日の読書時間
1	13	11	22
2	30	12	12
3	10	13	25
4	5	14	16
5	0	15	0
6	18	16	28
7	14	17	40
8	15	18	15
9	0	19	10
10	20	20	12

平均値 **15.3**(分)

※小数第二位で四捨五入した数値。

平均値って、ぜんぶのデータの「ふつう」とか「まんなか」を表しているような気がするけど……。

では、平均値がいったい何を表すのかを、確認してみよう！

データ探偵
ニャン太からのヒント！

平均値の出し方を再確認しよう！

平均値の計算方法は、学校で習っているかな？　その計算のしかたをあらためて確認してみると、平均値の表すものが見えてくるぞ！

平均値は、全データの合計を、データの数で割ることで出せる値だよ。そして、たくさんあるデータ全体の特徴を表す数値として使われるものでもあるんだ。

平均値は「代表値」の一つ

今回のようにたくさんデータがあると、データ全体についてうまく説明できないことがある。その際に、「このデータを一言でいうと、どんな感じか」という「データ全体の特徴」を、一つの数値だけで表す「代表値」が用いられる。そして平均値は、その代表値の一つだ。

出席番号	1日の読書時間	出席番号	1日の読書時間
1	13	11	22
2	30	12	12
3	10	13	25
4	5	14	16
5	0	15	0
6	18	16	28
7	14	17	40
8	15	18	15
9	0	19	10
10	20	20	12

平均値 **15.3（分）**

平均値とは？

全データの合計をデータの数で割った数のことです。代表値の中でも、すべてのデータを含めて求められる値であるため、「平均点」「平均年齢」など、幅広いデータの代表値として用いられます。

全員の読書時間のデータを数直線上に表すと、平均値の「15.3分」はもっとも小さいデータの「0分」と、もっとも大きい「40分」の間の「まんなか」ではないね。それに、平均値にデータが集中しているわけでもないんだ。

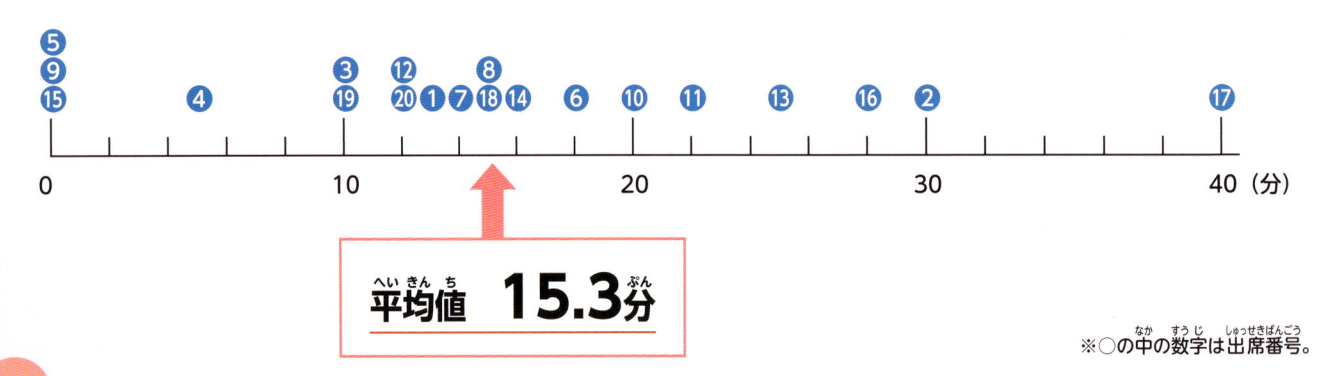

平均値 **15.3分**

※○の中の数字は出席番号。

「平均値」のしくみを考えてみよう

平均値がデータ全体を代表する「代表値」の一つだということはわかったね。
では、平均値はどのような値を示しているのかを見てみよう。

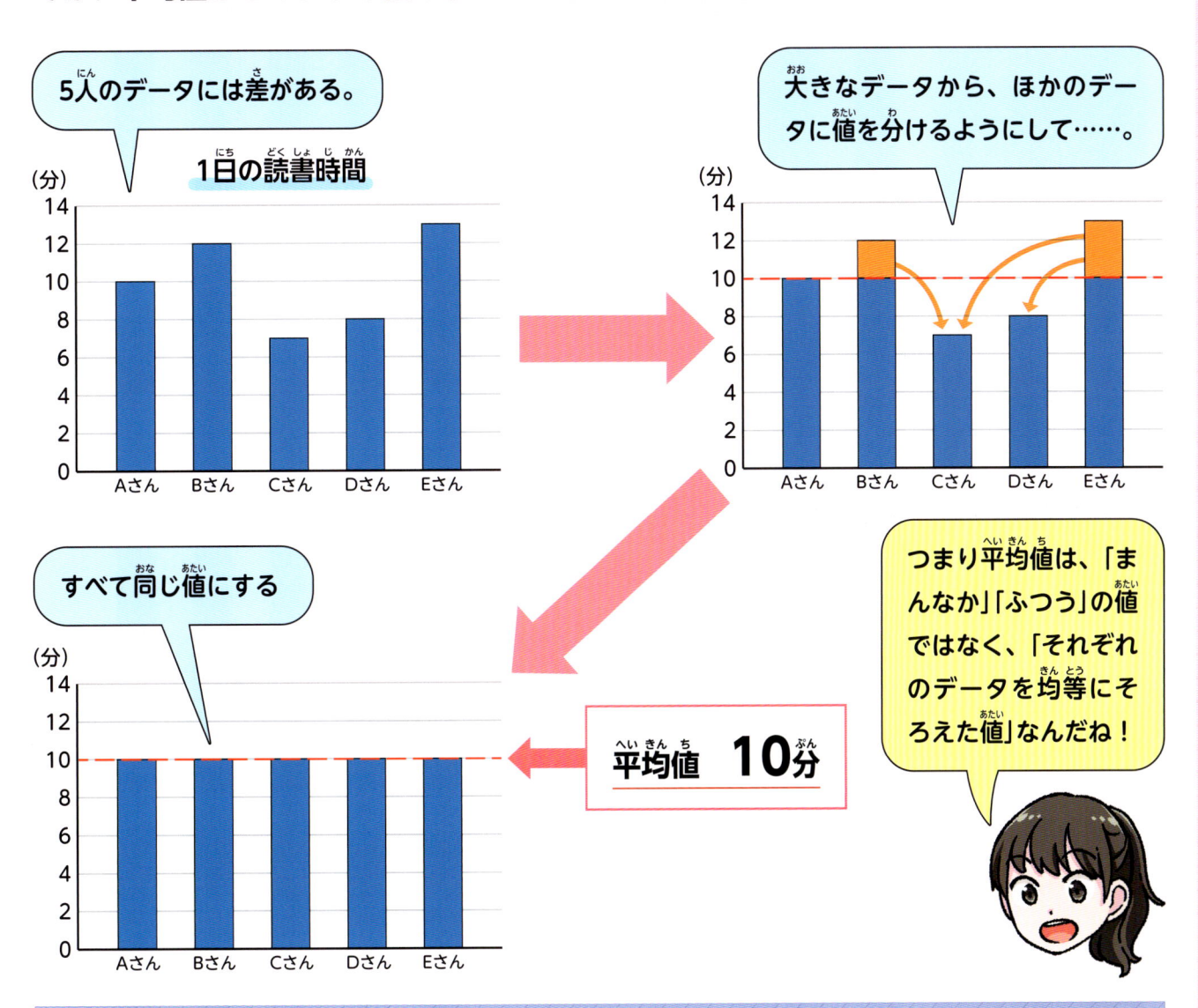

つまり平均値は、「まんなか」「ふつう」の値ではなく、「それぞれのデータを均等にそろえた値」なんだね！

平均値　10分

 まとめ

✓ 平均値は全データを平らにならしたときの数値で、「代表値」の一つ。

✓ 平均値は「ふつうの値」や「まんなかの値」ではなく、全データを均等にそろえた値。

パソコンクラブ

タイピング競争！
1分間で何文字打てるかな!?

班名(人数)	班員の各入力文字数	平均値
1班(5名)	41、36、31、45、29	36.4
2班(5名)	30、38、25、32、101	45.2
3班(5名)	28、34、43、29、37	34.2
4班(5名)	46、21、45、32、38	36.4

ねぇねぇ！
2班だけすごくない！？

そういえば、
指が見えないほどの速さで
タイピングができるタカハシくんは、
2班だったような……

カタタタタタ…タタタ

ふむ

ぐぃ　ぐぃ

2班の平均値が高いのは、
その子が「外れ値」に
なっているせいだな！

外れ値？

なにそれー！

Q 平均値に影響する「外れ値」とは？

四つの班で、「1分間で何文字タイピングできるか」の平均値を計算したら、2班がとても高かった。その理由は何だろう？

タイピング競争！ 1分間で何文字打てるかな!?

班名(人数)	班員の各入力文字数	平均値
1班(5名)	41、36、31、45、29	36.4
2班(5名)	30、38、25、32、101	45.2
3班(5名)	28、34、43、29、37	34.2
4班(5名)	46、21、45、32、38	36.4

あっ！ 2班に101文字も打てている人がいる！

よく気づいた！ その値が、平均値にどんな影響をあたえているのかを考えてみよう！

データ探偵 ニャン太からのヒント！

「とびぬけて高い値」に注目！

2班がほかの班とちがう部分があるとすれば、「とびぬけて高い数値（入力文字数）の人がいる」ということだ。それが平均値にどんな影響をあたえるんだろう？

データの中に、とびぬけて高かったり低かったりする「外れ値」があると、平均値に影響が出てしまうんだ。

班名（人数）	班員の各入力文字数	平均値
1班（5名）	41、36、31、45、29	36.4
2班（5名）	30、38、25、32、(101)	45.2
3班（5名）	28、34、43、29、37	34.2
4班（5名）	46、21、45、32、38	36.4

「外れ値」が平均値に影響する

データの中で、とびぬけて高かったり低かったりする値を「外れ値」という。平均値は外れ値に影響されやすく、今回の2班のデータでは、「101文字」というデータが外れ値で、平均値を上げている。

平均値ではデータの「ちらばり」が見えない

平均値は外れ値に影響されるうえに、データがどれだけちらばっているかを見ることができません。たとえば、下の二つのクラスのテストの点数の平均点は同じですが、点数のちらばりがまったく異なるのです。

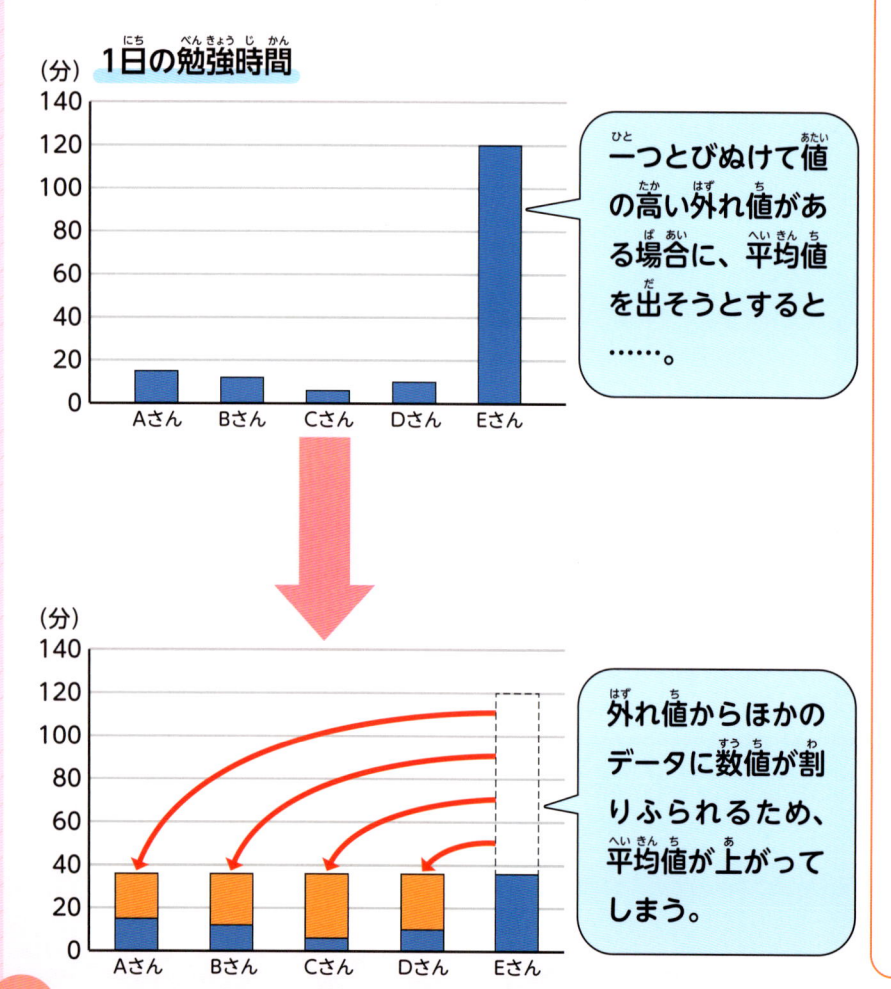

（分）1日の勉強時間

一つとびぬけて値の高い外れ値がある場合に、平均値を出そうとすると……。

外れ値からほかのデータに数値が割りふられるため、平均値が上がってしまう。

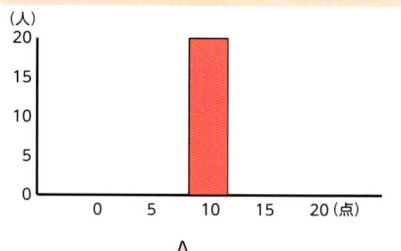

1組のテストの点数（20人・20点満点）

どちらも平均点は10点！

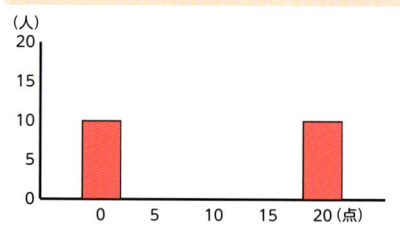

2組のテストの点数（20人・20点満点）

外れ値の平均値への影響を考えてみよう

外れ値があることで、平均値がどのように変化するかを確認しよう。

外れ値がない場合

Aさん	Bさん	Cさん	Dさん	Eさん
36	34	31	38	35

平均値 **34.8**

➡ 平均値がデータ全体の特徴を表している＝代表値にふさわしいといえる。

とびぬけて高い外れ値がある場合

Aさん	Bさん	Cさん	Dさん	Eさん
36	34	31	38	**101**

平均値 **48**

➡ 外れ値があると、平均値がデータ全体の傾向にふさわしくないくらいに高くなったり低くなったりするため、代表値としてふさわしくない場合がある。

とびぬけて低い外れ値がある場合

Aさん	Bさん	Cさん	Dさん	Eさん
36	34	31	38	**0**

平均値 **27.8**

外れ値は、平均値の「弱点」といえそうだね！

✏ まとめ

✔ データの中で、極端に高かったり低かったりする値を「外れ値」という。

✔ 平均値は外れ値の影響を受けやすく、代表値としてふさわしくない値になることがある。

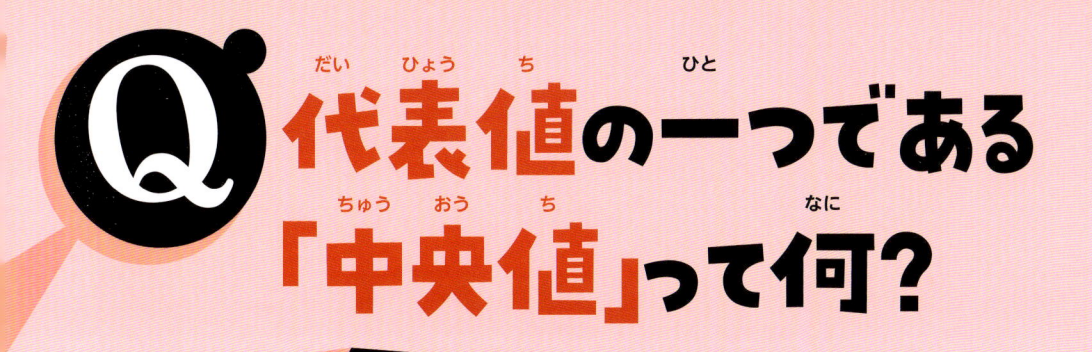

Q 代表値の一つである「中央値」って何?

6年1組で「1日のゲーム時間」のアンケートをとった。
このデータ全体の「まんなか」の値は、どのように求めればいいだろう?

1日のゲーム時間(分)

出席番号	1日のゲーム時間	出席番号	1日のゲーム時間
1	30	11	30
2	60	12	90
3	20	13	180
4	10	14	60
5	120	15	90
6	40	16	40
7	60	17	0
8	30	18	60
9	300	19	30
10	60	20	30

「まんなか」の値ってことは、平均値じゃないってことだよね?

そんなときは、まさに「まんなか」の値である「中央値」を探してみよう!

データ探偵

ニャン太からのヒント!

中央値の求め方を考えてみよう!

中央値は、その名のとおり全データの中の「まんなか」「中央」の値のことだ。その求め方は、全データ数が奇数か偶数かによって異なるよ。

平均値と同じ代表値の一つである中央値は、データを小さい順にならべて、「まんなか」になった数値のことだよ！

データ数が奇数（5つ）の場合

| 12 | 15 | 110 | 14 | 22 |

↓ 少ない順にならべかえる

| 12 | 14 | (15) | 22 | 110 |

||　||
中央値　外れ値

中央値は外れ値の影響を受けにくい

このデータ内には110という外れ値があるが、**中央値は「小さい順にならべたうち、まんなかの値」であるため**、どんなに外れ値が大きくても小さくでも、影響されにくい。

中央値とは？

データを小さい順にならべて、ちょうどまんなかになる値のことです。つまり、「順番」によって決まる値であることから、全データをふくめる必要がある平均値とはちがい、外れ値があってもあまり影響されません。

データ数が偶数（6つ）の場合

| 17 | 25 | 5 | 12 | 16 | 21 |

↓ 少ない順にならべかえる

| 5 | 12 | (16 | 17) | 21 | 25 |

↑ この二つの平均値を出す

||
(16＋17)÷2＝16.5

中央値は**16.5**

データ数が偶数の場合の中央値は？

データ数が偶数の場合、「まんなか」にもっとも近い二つのデータの平均値を中央値とする。

「1日のゲーム時間」の中央値を求めてみよう

15ページの「1日のゲーム時間」のデータから、代表値として中央値を求めてみよう。

1 15ページの全データを少ない順にならべかえる

| 0 | 10 | 20 | 30 | 30 | 30 | 30 | 30 | 40 | 40 | 60 | 60 | 60 | 60 | 60 | 90 | 90 | 120 | 180 | 300 |

2 データ数が偶数（20個）であるため、「まんなか」にもっとも近い二つのデータの平均値を出す

$$(40＋60)÷2＝50$$

中央値は
50(分)

0や300のような外れ値に影響されず、「まんなか」といえる代表値を出せるのが、中央値の特徴だよ！

私のゲーム時間は、中央値よりちょっと多いってことだね。じゃあ、少し減らそうかな……。

✏ まとめ

✔ 中央値は代表値の一つで、データを小さい順にならべたときに、ちょうどまんなかになる値のこと。

✔ データ数が偶数の場合、「まんなか」にもっとも近い二つのデータの平均値が中央値になる。

Q バザーで売れた商品の値段の「最頻値」を求めるには?

バザーの商品について、いくつ売れたかを値段別にまとめたデータがある。
ここから「売れやすい値段」を考えてみよう。

バザーの売上一覧

ボール	キーホルダー	ぬいぐるみ
・100円…2個	・100円…2個	・100円…0個
・200円…2個	・200円…0個	・200円…3個
・300円…1個	・300円…1個	・300円…1個
・400円…0個	・400円…2個	・400円…1個

「売れやすい値段」を探すには、「バザーで売れた商品の中で、もっとも売れた値段」を探せばいいよね。そんなときに使えるのが「最頻値」だよ!

データ探偵
ニャン太からのヒント!

四つの値段のうち、もっとも売れた値段は?

三つの商品は、それぞれ100円・200円・300円・400円の四つの値段がつけられているね。このうち、もっとも売れた個数が多いのはどの値段だろう?

最頻値は、全データの中で登場する回数がもっとも多い数値のことだよ。平均値や中央値と同じく代表値の一つで、外れ値に影響されにくいんだ。

最頻値とは?

多数決のように、全データの中でもっとも出てくる回数が多い数値を代表値にしたものです。中央値と同様に、外れ値にあまり左右されません。

ボール	キーホルダー	ぬいぐるみ
・100円…2個	・100円…2個	・100円…0個
・200円…2個	・200円…0個	・200円…3個
・300円…1個	・300円…1個	・300円…1個
・400円…0個	・400円…2個	・400円…1個

売れた商品の値段をならべてみると……

最頻値は、データの中で一番多く出てくる数値、つまり多数決で決まる代表値なんだね。

ボール	キーホルダー	ぬいぐるみ
100円	100円	200円
100円	100円	200円
200円	300円	200円
200円	400円	300円
300円	400円	400円

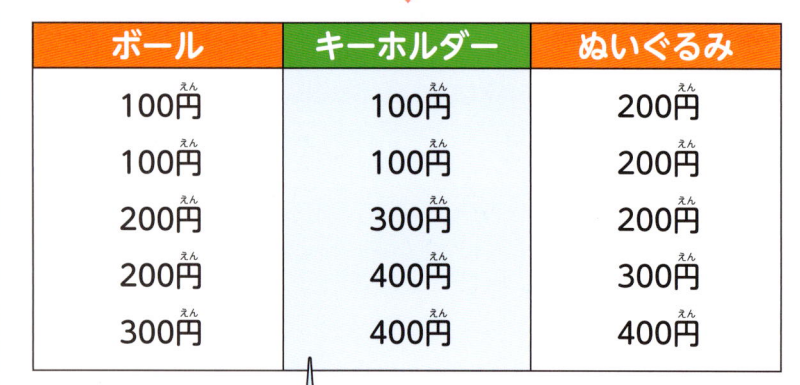

・100円…4個
・200円…5個
・300円…3個
・400円…3個

最頻値は
200円

もっとも売れた個数が多い値段＝最頻値

19ページの売上一覧をもとにして、**値段ごとに売れた個数を数えてみると、200円がもっとも個数が多い。**つまりこのデータでの最頻値は200円。

ヒストグラムを使って最頻値を求めてみよう

最頻値を求めるときは、「ヒストグラム」というグラフを使うことが多い。
今回のバザーで売れた商品の個数についても、ヒストグラムにしてみよう！

> 19ページの売上一覧をもとにして、値段ごとに売れた商品の個数を集計しよう。

> ヒストグラムだと、どの値段の商品がどのくらい売れたかがわかりやすいね！

値段	売れた個数
100円	4個
200円	5個
300円	3個
400円	3個

もっとも個数の多いものが一目でわかるヒストグラム

ヒストグラムは、データを一定の数値（ここでは値段ごと）で区切り、その中に含まれるデータの個数（ここでは売れた個数）を棒グラフのように表したもの。ただし、棒グラフとは異なり、グラフどうしをくっつけて表す。

> 最頻値は200円

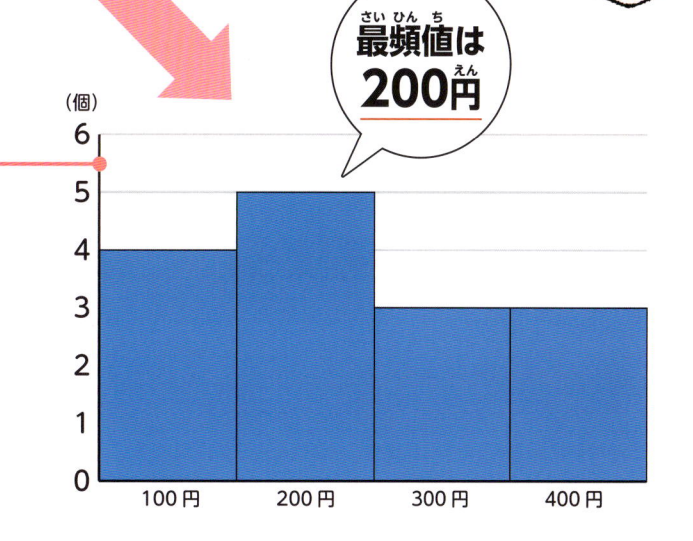

（個）

✏️ まとめ

✔ 最頻値は代表値の一つで、全データの中でもっとも出てくる回数が多い数値のこと。

✔ 最頻値を求める際には、「ヒストグラム」というグラフを使うことが多い。

どの代表値がいいんだろう？

どうだ
1日の読書時間についての学級新聞はできそうかい？

え、えっと、読書時間の代表値を出したいんですけど、迷ってて……

外れ値があると、正しい平均値は出せないし

でも、中央値や最頻値にして、外れ値の人の数値を無視するのもイヤだし……

その考え、すばらしいぞ！

それぞれの代表値の特徴を理解して、十分考えて決めるんだぞ！

う、うん！

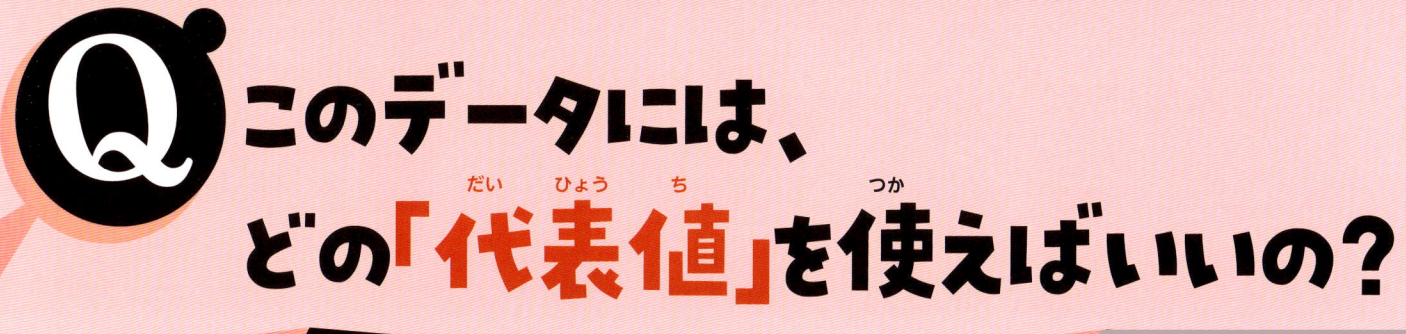

Q このデータには、どの「代表値」を使えばいいの?

代表値には、平均値・中央値・最頻値の三種類があることがわかったね。
では、今回の「1日の読書時間」の代表値としては、どれがふさわしいだろう?

外れ値があるから、平均値じゃダメなんじゃないの?

クラスのアンケートなんだから、外れ値もふくめて代表値を決めたほうがよくない?

中央値や最頻値にも、平均値みたいな弱点がありそう。

1日の読書時間(分)

出席番号	1日の読書時間	出席番号	1日の読書時間
1	13	11	22
2	30	12	12
3	10	13	25
4	5	14	16
5	0	15	0
6	18	16	28
7	14	17	40
8	15	18	15
9	0	19	10
10	20	20	12

代表値が三種類あることはわかるけど、今回のデータにどの代表値を使えばいいかが、よくわからないなぁ。

データ探偵
ニャン太からのヒント!

代表値それぞれの特徴を知ろう!

三種類の代表値の長所と弱点をそれぞれ理解して、どんなふうに使える代表値なのかを確認しよう。また、外れ値のあつかい方にも注意が必要だよ!

それぞれの代表値の長所と弱点を知ることが、データの特徴に合う代表値をえらぶには大切だよ。とくに外れ値をどのように取りあつかうかは、よく考えよう！

1 三種類の代表値の長所と弱点を知ろう

平均値

長所
データすべての数値をふくめた代表値を出せる。

弱点
外れ値の影響を受けやすい。

平均値は、テストの点数や通信簿の成績、同じ学年の身長・体重など、外れ値が出にくいデータに向いているよ。

中央値

特徴
外れ値の影響を受けにくい。

弱点
中央しか見ない代表値であるため、ほかのデータのかたよりや数量の大きさなどを正確にとらえることができない。

だったら、外れ値があるデータでは、中央値とか最頻値のほうが向いているってことだよね？

たしかにそうだけど、中央値にも最頻値にも弱点はあるんだ。

中央値がほかの数値とかけはなれてしまうことも
データの数値が中央値の近くにまとまっていない場合、中央値がほかの数値からかけはなれた数値になることがある。

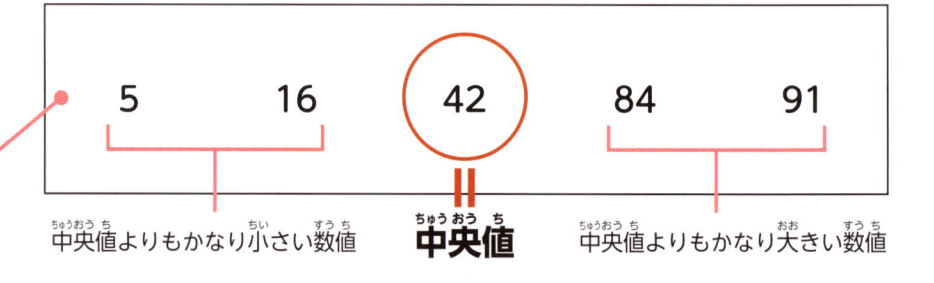

| 5 | 16 | 42 | 84 | 91 |

中央値よりもかなり小さい数値　　**中央値**　　中央値よりもかなり大きい数値

最頻値

長所
外れ値の影響を受けにくい。

弱点
データ数が少ないと、代表値として正しい数値が出せない。また、最頻値が二つ以上存在する場合もある。

最頻値では、こんなことも起こる可能性があるんだ。

最頻値が「なし」となることも
データ数が少ないと、すべての数値が1回ずつしか登場しない可能性があり、最頻値が「なし」となることもある。

ゴミ拾いで集めたペットボトルの数（本）

Aさん	Bさん	Cさん	Dさん
22	15	19	24
Eさん	Fさん	Gさん	Hさん
18	23	30	19

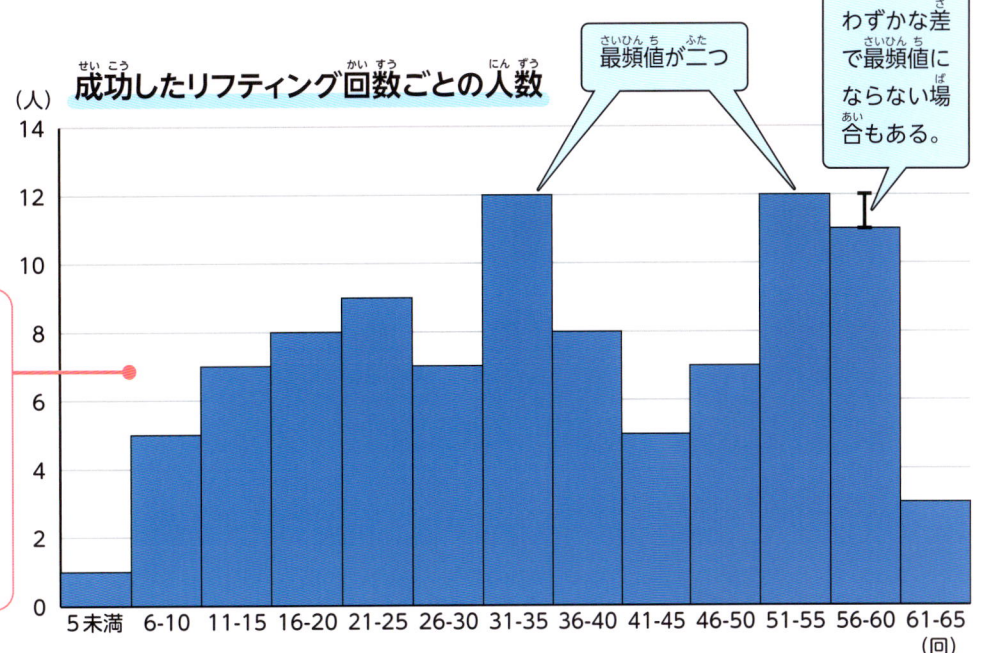

成功したリフティング回数ごとの人数

(人) 縦軸: 0, 2, 4, 6, 8, 10, 12, 14
横軸: 5未満, 6-10, 11-15, 16-20, 21-25, 26-30, 31-35, 36-40, 41-45, 46-50, 51-55, 56-60, 61-65 (回)

最頻値が二つ

わずかな差で最頻値にならない場合もある。

最頻値が二つ以上になることもある
集計の結果、最頻値が二つ以上になったり、わずかな差で最頻値が決まったりすることもある。

つまり、どの代表値にも、いいところも悪いところもあるから、「絶対にこれが使える！」というものはないんだね。

❷ 外れ値を除外できない場合もある

平均値が外れ値に影響されるなら、外れ値のあるデータの代表値は、中央値や最頻値にすればいいんだよね？

B小学校のインフルエンザで休んだ児童数（人）

	休んだ児童数		休んだ児童数
4月	3	10月	11
5月	10	11月	21
6月	7	12月	20
7月	2	1月	28
8月	0	2月	42
9月	9	3月	57

しかし、外れ値は必ず除外したほうがいいってわけでもないんだ。たとえば、このデータを見てみよう。

・日本でのインフルエンザの流行時期は、毎年12〜4月ごろ。
・とくに1月末〜3月上旬は流行のピークに当たる時期。

このデータだと、2月と3月の数値は外れ値に見えるけど、この時期は特にインフルエンザが流行しやすいんだ。

外れ値を入れないと正しい代表値にならないことも

このインフルエンザで休んだ児童数のように、外れ値と思われるものが、じつはデータ全体にとって重要な部分であることもある。

2月と3月を外れ値として除外してしまうと、インフルエンザの流行がピークではない時期のデータしか残らないよね。つまり外れ値は、除外すればいってものでもないんだなぁ。

「1日の読書時間」の代表値について考えてみよう

三種類の代表値や、外れ値のあつかい方について確認できたかな？
では、7ページの「1日の読書時間」の代表値としては、どれがふさわしいかを考えよう！

1日の読書時間（分）

出席番号	1日の読書時間	出席番号	1日の読書時間
1	13	11	22
2	30	12	12
3	10	13	25
4	5	14	16
5	0	15	0
6	18	16	28
7	14	17	40
8	15	18	15
9	0	19	10
10	20	20	12

平均値は15.3分
中央値と比較して、値が大きくちがう場合は、最低値（0分が3人）と最高値（40分）が外れ値になっている可能性がある。

中央値は14.5分
自分の値がこの値より多いか少ないかで、クラス内で読書時間が長いほうか短いほうかがわかる。

最頻値は0分！
0分の人が3人いた。なお、5分、10分、12分、15分の人はそれぞれ二人ずつだったため、わずかな差で最頻値が決まった。

こう見ると、今回のデータの代表値としては、最頻値はあまりふさわしくないかもしれないね。

そうだね。平均値と中央値は似たような値だから、今回はこの二つを代表値として使ってみるよ！

✏️ まとめ

✔ どの代表値を使うかは、代表値ごとのメリットとデメリットを考えて判断する。

✔ 外れ値を除外していいかどうかは、データ全体の特徴をよく見て判断しよう。

身のまわりの代表値の問題、解けるかな!?

この世の中には、代表値にまつわる話題や事柄がたくさんあるんだ。その一部を問題にしてみたよ。キミは解けるかな?（答えは31ページ）

❶ ふさわしい代表値はどれ?

ある小学校の6年生に対して行った、「毎日どのくらい運動しているか」についてのアンケートのデータをヒストグラムにした。このデータの代表値を出すとしたら、平均値・中央値・最頻値のうち、どれがふさわしいだろうか。

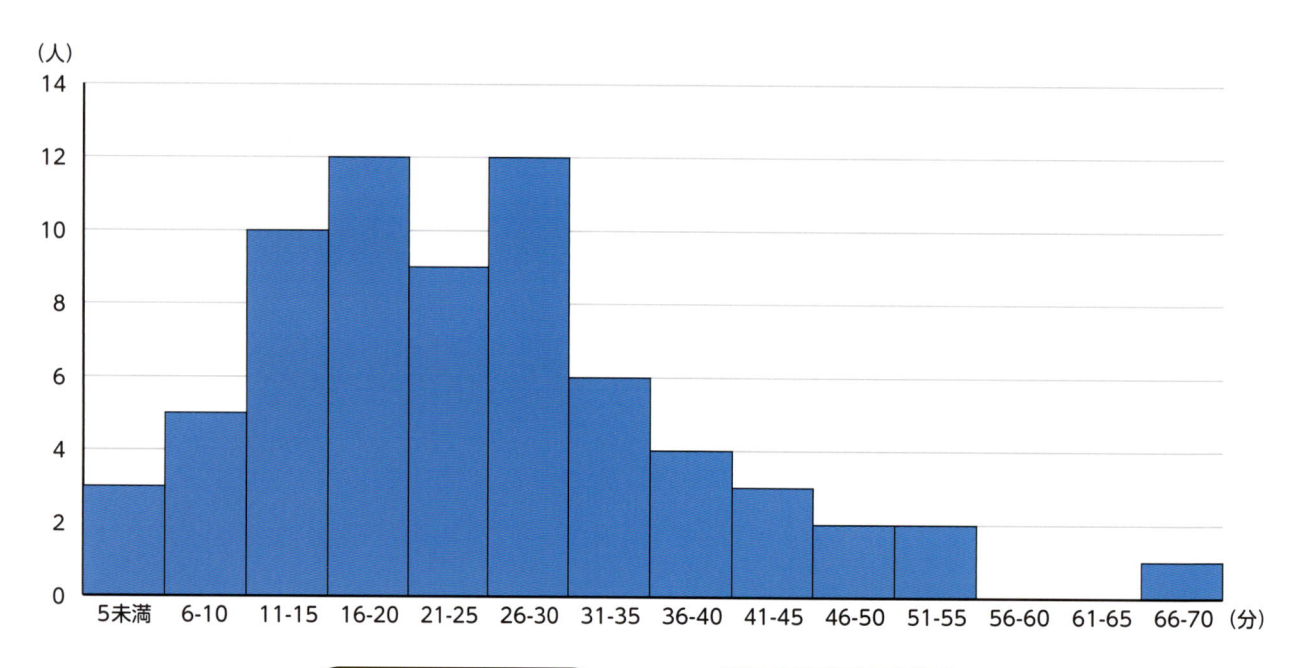

最頻値だと、二つの値が出てきそうだね。しかも外れ値があるような……。

つまり、平均値や最頻値はあまり向いていないってことかな?

❷ 動画の評価で正しいものは?

　ある動画の評価が、5段階で次のようにつけられていた。なお、評価は5段階評価で、カッコの中は評価をつけた人数を表している。ア〜エのうち、この評価について正しいものを一つえらぼう。

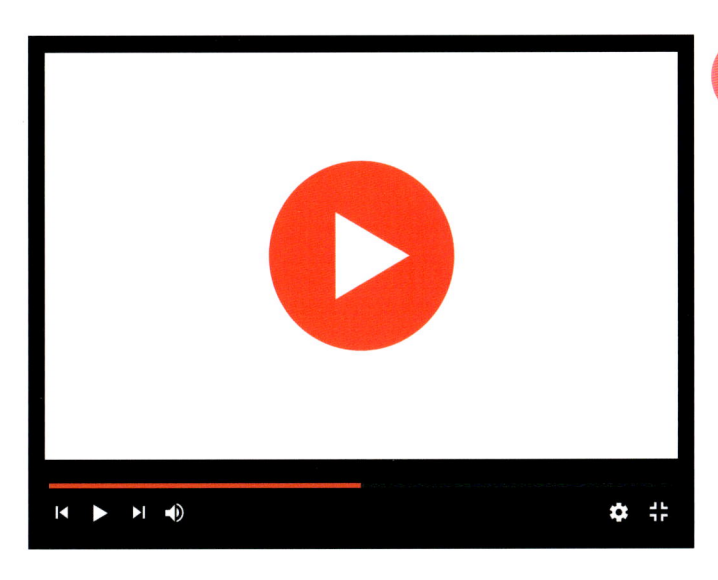

みんなの評価

★ ★ ★ ★ ★ （1）

★ ★ ★ ★ ☆ （3）

★ ★ ★ ☆ ☆ （4）

★ ★ ☆ ☆ ☆ （3）

★ ☆ ☆ ☆ ☆ （2）

ア この動画の評価の最頻値は4。

イ この動画の評価の中央値は4。

ウ この動画の評価の平均値は、3より低い。

エ この動画の評価には外れ値が存在する。

最頻値は評価した人数が一番多いものだよね。中央値は、評価を低い順にならべかえて……。

5段階評価だから、外れ値はなさそうだよね。そして評価した人数は13人だね。これで平均値を計算してみよう!

❸ スポーツの採点方法の理由は？

　何人かの審判員が採点するスポーツ競技では、審判員がつけた点数のうち、最高点と最低点を除いたうえで平均値を出し、それが選手の得点となることが多い。

たとえばサーフィンでは……

審判員 A	審判員 B	審判員 C	審判員 D	審判員 E
9	7	5	6	4

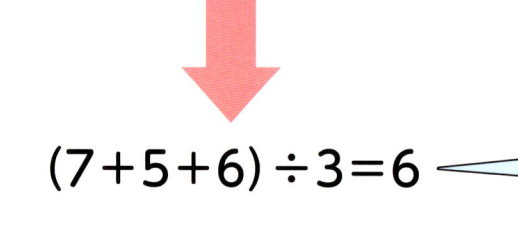

$$(7＋5＋6)÷3＝6$$

5人の審判員が10点満点で採点。最高点と最低点を取り除き、残った3人分の採点の平均値が得点になる。

では、得点を出すために、この方法を使っているのはなぜかを考え、ア～エから正しい理由をえらぼう。

> ⑦　中央値にあたる点数を中心にした得点を出したいから。
>
> ⑦　最頻値で得点を出せないように、採点のデータを減らしているから。
>
> ⑦　最高点と最低点は外れ値になる可能性があり、平均点に影響してしまうから。
>
> ⓔ　採点データを減らしたほうが、計算が楽だから。

最高点や最低点が、とびぬけて高かったり低かったりすることがありそうだよね。

もしかして、それが外れ値になるかもしれないってことかな？

さくいん

データを読み取るためのキーワード
ファクトチェック

❶「織田信長（おだのぶなが）は、戦国武将（せんごくぶしょう）の一人（ひとり）である」
❷「織田信長（おだのぶなが）は、すばらしい戦国武将（せんごくぶしょう）の一人（ひとり）である」

　この二つ（ふた）の文章（ぶんしょう）のうち、どちらが「事実（じじつ）」といえるでしょうか。❶は、歴史書（れきししょ）などで確認（かくにん）できるため、事実（じじつ）といえます。しかし、❷の「すばらしい」という部分（ぶぶん）は歴史書（れきししょ）などで確認（かくにん）できる事実（じじつ）ではなく、書（か）いている人（ひと）の「意見（いけん）」といえます。

　このように「事実（じじつ）」と思（おも）える情報（じょうほう）でも、事実（じじつ）とは確認（かくにん）できない部分（ぶぶん）を含（ふく）んでいることがあります。さまざまなデータにも事実（じじつ）とは確認（かくにん）できない情報（じょうほう）が含（ふく）まれていることがあるため、近年（きんねん）は内容（ないよう）が事実（じじつ）なのかを客観的（きゃっかんてき）に検証（けんしょう）する「ファクトチェック（事実検証（じじつけんしょう））」が重視（じゅうし）されています。

> どのような調査（ちょうさ）や研究（けんきゅう）をもとにしたデータなのかを確認（かくにん）することが、ファクトチェックの第一歩（だいいっぽ）だよ！

監修　前田健太（まえだけんた）

慶應義塾横浜初等部教諭。 学校図書教科書編集委員。単書『しかける！　算数授業』（明治図書出版）ほか、共著や雑誌寄稿多数。
子どもたちが愉しいと思える算数授業を目指して日々実践を重ね、その様子をX（旧Twitter）などのSNSで発信している。X:@mathmathsan

編集・執筆　菅原嘉子
イラスト　　田島ゆみ
デザイン　　中富竜人

数字のトリックを見ぬけ　はじめてのデータリテラシー

❸ 私の読書時間、みんなの中では長い？　短い？ ほか

2025年2月　初版第1刷発行

監修者　　前田健太（慶應義塾横浜初等部教諭）
発行者　　三谷光
発行所　　株式会社汐文社
　　　　　〒102-0071
　　　　　東京都千代田区富士見1-6-1
　　　　　TEL 03-6862-5200　FAX 03-6862-5202
　　　　　https://www.choubunsha.com

印　刷　　新星社西川印刷株式会社
製　本　　東京美術紙工協業組合

ISBN978-4-8113-3189-8